ELENA PONIATOWSKA

CHER DIEGO, QUIELA T'EMBRASSE

roman
traduit de l'espagnol (Mexique)
par Rauda Jamis

Lecture de
Claude Fell

BABEL

CHER DIEGO,
QUIELA T'EMBRASSE

à Jan, 1947-1968

19 octobre 1921

Dans le studio, cher Diego, rien n'a changé ; tes pinceaux se dressent dans le verre, très propres, comme tu les aimes. Je thésaurise jusqu'au plus petit papier sur lequel tu as tracé une ligne. Le matin, comme si tu étais là, présent, je m'assieds et prépare les illustrations pour *Floréal*. J'ai abandonné les formes géométriques et me plais à faire des paysages quelque peu douloureux et tristes, effacés et solitaires. Je sens que moi aussi je pourrais facilement m'effacer. Je t'enverrai la revue dès qu'elle sera publiée. Je vois tes amis, surtout Elie Faure, qui se plaint de ton silence. Il se languit de toi, il dit que sans toi Paris est vide. Si lui le dit, imagine un peu ce que moi je pourrais dire. Mon espagnol progresse à pas de géant, et pour preuve je joins à ma lettre cette photographie, sur laquelle j'ai écrit tout spécialement pour toi : "Cher Diego, en attendant de nous revoir, reçois cette photographie où ta femme t'envoie beaucoup de baisers. Elle n'est pas très réussie, mais à travers elle et la précédente tu auras quelque chose de moi. Sois aussi fort que tu l'as été et pardonne la faiblesse de ta femme."

Je t'embrasse encore une fois,

Quiela

7 novembre 1921

Pas une ligne de toi, et le froid ne recule pas dans sa tentative de nous congeler. Un hiver très rude commence et il m'en rappelle un autre que nous voudrions, toi et moi, oublier. Tu abandonnais même ta toile pour aller chercher du combustible ! Te souviens-tu des Severini poussant un petit chariot depuis Montparnasse jusqu'au-delà de la barrière de Montrouge, où ils réussirent à se procurer un demi-sac de charbon ? Ce matin, en garnissant le poêle, je pense à notre fils. Je me souviens des maisons riches qui avaient un chauffage central luxueux – c'étaient, je crois, des chauffages qui fonctionnaient au gaz –, et de comment les Zeting, Michel et Marie, avaient emmené l'enfant à leur appartement de Neuilly pour le protéger. Moi, je n'avais pas voulu te laisser. J'étais sûre que sans moi tu n'interromprais pas même ton travail pour manger. J'allais voir l'enfant tous les après-midi pendant que tu étais absorbé par *le Mathématicien*. Je marchais dans les rues où la neige devenue boue sous les pas des passants avait noirci, le cœur battant très fort à l'idée de voir mon fils. Les Zeting m'avaient dit que, aussitôt rétabli, ils l'emmèneraient à Biarritz. J'étais émue par l'attention qu'ils portaient à l'enfant. Surtout Marie. Elle le sortait du berceau – un berceau magnifique comme Dieguito n'eût jamais pu en avoir –, avec les précautions d'une infirmière. Je la revois encore écarter les couvertures blanches, le petit drap brodé afin que je puisse mieux le voir. “Il a passé une très bonne nuit”, murmurait-elle, contente. Elle le veillait. Elle semblait être la mère et moi l'invitée. De fait cela était le cas, mais je n'en étais pas jalouse, au contraire, je remerciais le ciel de l'amitié des Zeting, des mains douces de la jeune Marie habillant mon fils.

Sur le chemin de la maison, je voyais les visages sombres des hommes dans la rue, les femmes enveloppées dans leurs écharpes, et pas un seul enfant. Les nouvelles étaient toujours mauvaises et la *concierge** se chargeait de me les transmettre. “Il n'y a plus une goutte de lait dans tout Paris”, ou : “On dit que le service municipal des sapeurs-pompiers va être interrompu parce qu'il n'y a pas de charbon pour le fonctionnement des machines” ; ou encore : “L'eau congelée dans les tuyauteries est en train de les faire éclater” ; “Mon Dieu, nous allons tous mourir.” Quelques jours plus tard, le médecin avait déclaré que Dieguito était hors de danger, qu'il avait surmonté la pneumonie. Nous pourrions bientôt le ramener à l'atelier, nous procurer un peu de charbon, les Zeting viendraient le

* En français dans le texte.

voir, nous apporteraient du thé, de ce thé qu'ils ramenaient en si grande quantité de Moscou. Plus tard, nous ferions le voyage à Biarritz tous les trois, l'enfant, toi et moi, lorsque tu aurais moins de travail. J'imaginais Dieguito au soleil, Dieguito sur tes genoux, Dieguito face à la mer. J'avais imaginé des jours beaux et heureux, aussi bons que les Zeting et leur maison au milieu des grands pins qui purifient l'air, ainsi que Marie me l'avait raconté, maison où il n'y aurait ni privations ni rationnements, où notre fils commencerait à marcher, fortifié par les bains de soleil, par l'iode de l'eau de mer. Deux semaines plus tard, lorsque Marie me rendit Dieguito, je vis dans ses yeux une lueur de crainte, elle lui couvrit une fois encore le visage avec un coin de la couverture et me le mit précipitamment dans les bras. "Je serais bien restée quelques jours de plus avec lui, Angelina, c'est un enfant si gentil, si beau, mais j'imagine combien il doit vous manquer." En nous voyant entrer, tu avais délaissé tes pinceaux et tu m'avais aidée à placer le petit corps dans son lit.

Je t'aime, Diego, à l'instant je sens une douleur presque insupportable dans la poitrine. Dans la rue il m'est arrivé la même chose, le souvenir de toi me frappe et je ne peux plus marcher, cela me fait si mal que je dois m'appuyer contre un mur. L'autre jour, un *gendarme** s'est approché de moi : "*Madame, vous êtes malade** ?"

* En français dans le texte.

J'ai hoché la tête d'un côté, de l'autre, j'allais lui répondre que c'était l'amour, tu vois, je suis russe, je suis sentimentale et je suis femme, mais j'ai pensé que mon accent me trahirait et les fonctionnaires français n'aiment pas les étrangers. Je poursuivis donc mon chemin, je le poursuis tous les jours, je sors du lit et je pense que chaque pas que je fais me rapproche de toi, que les mois – oh ! combien nombreux – de ton installation passeront vite, que tu m'enverras bientôt chercher pour que je sois toujours à tes côtés.

Je te couvre de baisers,

ta Quiela

15 novembre 1921

Diego, aujourd'hui plus que jamais, je me languis de toi et je te désire, ton grand corps remplissait tout le studio. Je n'ai pas voulu décrocher ta veste de travail du clou de l'entrée : elle garde encore la forme de tes bras, celle d'un de tes flancs. Je n'ai pas pu la plier ni la dépoussiérer de peur qu'elle ne retrouve pas sa forme initiale et que je reste avec une espèce de filasse entre les mains. Alors oui, je m'assiérais pour pleurer. La toile rugueuse me tient compagnie, je lui parle. Que de matins je suis revenue au studio en criant : "Diego, Diego !", ainsi que j'avais l'habitude de t'appeler, simplement parce que, depuis l'escalier, je guette cette veste accrochée près de la porte, et je pense que tu es assis devant le poêle, ou que, curieux, tu regardes par la fenêtre. C'est la nuit que je m'effondre ; le matin, je peux tout inventer, y compris faire face aux amis que je rencontre à l'*atelier**, qui me demandent ce qui se passe avec toi et auxquels je n'ose pas avouer que je n'ai pas reçu une seule ligne de toi. Je réponds évasivement que tu vas bien, que tu travailles, en réalité, j'ai honte de ne rien pouvoir leur communiquer. Jacobsen veut aller au Mexique et il t'a envoyé, aux soins de l'Université nationale, trois télégrammes avec réponse payée, mais aucun n'a obtenu de réponse. Elie Faure a été un peu malade et il se plaint de ton silence. Tous demandent de tes nouvelles, ou plutôt le faisaient-ils au début, puis de plus en plus rarement, jusqu'à maintenant, et c'est cela qui me blesse, cher Diego, c'est leur silence conjugué au tien, un silence complice, terrible, d'autant plus marquant que notre sujet de conversation a toujours été toi, ou la peinture, ou le Mexique. Nous essayons de parler d'autre chose, je vois bien comme ils s'y efforcent avant de prendre congé et que moi je reparte, plongée à nouveau dans ma sphère de silence qui est toi, toi et le silence, moi à l'intérieur du silence, moi à l'intérieur de toi qui es l'absence, je marche le long des rues à l'intérieur de la carapace de ton silence. L'autre jour, j'ai vu clairement Marie Zeting, et je suis sûre qu'elle m'a vue, or elle a baissé la tête et elle est passée de l'autre côté

* En français dans le texte.

du trottoir pour ne pas me saluer. Peut-être est-ce à cause de Dieguito, peut-être a-t-elle pitié de moi, ou simplement était-elle pressée et je suis devenue, moi, d'une susceptibilité exacerbée. Maintenant que tu n'es plus là, je pense que nos amis sont restés dans l'expectative. Ils me fréquentent *entre-temps**, le temps que tu reviennes et, en attendant, ils ne viennent me trouver que pour avoir des nouvelles. J'accepte qu'ils ne le fassent pas pour moi-même ; après tout, sans toi je suis bien peu de chose, ma valeur est déterminée par l'amour que tu me portes et pour les autres je n'existe que dans la mesure où tu m'aimes. Si tu cesses de le faire, ni eux ni moi ne pourront m'aimer.

Autrefois, j'avais Dieguito. Il ne faisait plus aussi froid dans l'atelier – te souviens-tu ? –, mais il fallait aller chercher du charbon tous les jours. Même toi, à l'occasion, tu finissais par y aller, laissant inachevé ton travail. Je sentais que Dieguito ne se rétablissait pas, ou du moins pas complètement. J'entendais toujours ce petit sifflement dans sa respiration et non plus le rythme régulier et silencieux de ses premiers jours. De temps en temps, je me penchais au-dessus du berceau et ce geste t'irritait : "Il ne lui arrive rien, laisse-le donc, Angelina, tu lui voles l'air." Notre pauvre fils ! Une nuit, il commença à se plaindre atrocement. En 1917, il y avait à Paris une épidémie de méningite.

* En français dans le texte.

Après, tout alla très vite. L'enfant, dont la tête se perdait auparavant dans les draps, en arriva à n'être plus que tête, et ce crâne gonflé comme un ballon sur le point d'éclater te répugnait. Tu ne pouvais le voir, tu ne voulais le voir. L'enfant pleurait sans répit. Je peux encore entendre ses cris qui usaient tant tes nerfs. Lorsque j'entends un enfant pleurer dans la rue, je m'arrête : je cherche dans ses pleurs le son particulier des pleurs de Dieguito. Les Zeting ne se trouvaient plus à Paris. Tu allais chercher le charbon, je crois, par impuissance devant la souffrance. Je me souviens d'un soir où tu essayais de lire le journal, et ton geste de désespoir est resté gravé en moi : "Je ne peux pas, Quiela, je ne comprends rien à rien, rien à ce qui se passe dans cette chambre." Tu t'arrêtas de peindre, Dieguito mourut, nous allâmes presque seuls au cimetière, Marie Blanchard avait le visage baigné de larmes, elle avait toujours dit que Dieguito était son filleul, le fils qu'elle n'aurait jamais. Ce jour-là il fit un froid atroce, ou peut-être bien que je le portais en moi. Toi, tu étais absent, pas une seule fois tu ne m'adressas la parole, tu ne bougeas même pas lorsque je te pris par le bras. Je fis cadeau du berceau à la *concierge**, je lui laissai tout ce qui avait appartenu à Dieguito ; j'avais pensé en le lui donnant que je pourrais peut-être lui demander de me le prêter plus tard, au cas où nous aurions un

* En français dans le texte.

autre enfant. Je désirai toujours en avoir un autre, mais tu me le refusas. Je sais qu'à présent ma vie avec serait difficile, mais elle aurait un sens. Cela me fait très mal, Diego, que tu te sois refusé à me donner un enfant. L'avoir aurait empiré ma situation, mais mon Dieu, comme il aurait donné un sens à ma vie !

Je vois le ciel gris, j'imagine le tien sauvagement bleu, ainsi que tu me l'as décrit. J'espère pouvoir le contempler un jour. En attendant, je t'envoie tout le bleu dont je suis capable, je t'embrasse et suis toujours tienne,

Quiela

2 décembre 1921

J'ai passé la matinée d'hier au Louvre, chatito* (j'aime beaucoup t'appeler chatito, cela me fait penser à tes parents, j'ai l'impression de faire partie de la famille), et j'en suis restée éblouie. Lorsque j'y allais avec toi, Diego, je t'écoutais admirative, je partageais ta passion, car tout ce qui vient de toi suscite mon enthousiasme, mais hier ce fut différent, j'ai *senti*, Diego, et cela m'a causé un grand bonheur. En sortant du Louvre, je suis allée à la Galerie Vollard voir les Cézanne et je suis restée trois heures à les contempler. Monsieur Vollard

* En espagnol, petit nom affectueux (au sens littéraire du terme : une personne ayant un petit nez camus).

m'a dit : *"Je vous laisse seule* "*, et je lui en ai été reconnaissante. J'ai pleuré en regardant les tableaux, j'ai aussi pleuré d'être seule, j'ai pleuré pour toi et pour moi, mais pleurer me fit du bien, parce que, finalement, comprendre touche à l'extase et cela était en train de me procurer une des plus grandes joies de ma vie.

En arrivant à la maison, je me suis mise à peindre, je me sentais remontée, et aujourd'hui je me suis réveillée la tête brûlante, je me suis assise face à ton chevalet, j'ai ôté la toile inachevée que tu y as laissée – pardonne-moi, chatito, je la remettrai après –, j'en ai pris une vierge, et m'y suis mise. Il est impossible de ne pas arriver à avoir du talent lorsqu'on a des révélations comme celle que j'ai eue hier. J'ai peint avec acharnement une tête de femme que j'avais surprise hier dans la rue, en revenant du Louvre, une femme avec des yeux admirables, et, maintenant que la lumière a baissé, je t'écris mon émotion et ma joie. Pour la première fois de ces quatre longues années, je sens que tu n'es pas loin, je suis pleine de toi, c'est-à-dire de peinture. Je pense retourner au Louvre dans quelques jours : je verrai une autre salle, celle des Flamands qui t'attirent tant ; je les verrai avec toi, accrochée à ta main, et je retournerai à la galerie des Cézanne. Le propriétaire s'est montré très aimable et compréhensif à mon égard et cela m'a donné des ailes au cœur. Je me sens renaître, tant d'années à me consacrer à la peinture,

* En français dans le texte.

tant d'académies, tant d'heures à l'atelier, tant d'allées et venues avec toi et ce n'est qu'hier que j'ai eu la révélation. Chatito adoré, je t'écris encore avec le tremblement de l'émotion et j'espère que lorsque tu prendras cette feuille blanche tu percevras cette vibration entre tes doigts, que tu me verras émue et reconnaissante, et comme toujours tienne,

Quiela

17 décembre 1921

Diego, je ne t'ai pas écrit durant plus de quinze jours car j'ai été malade. A la suite de ma visite au Louvre, au milieu de la plus grande exaltation, j'ai commencé à tacher une toile, agitée et avec mal à la tête. Au bout d'un moment, délaissant la toile, j'ai pris un crayon et me suis mise à faire esquisse sur esquisse, puis, ayant épuisé tout le papier, j'ai repris les feuilles pour dessiner sur leur revers. Rien ne me contenta. Je me suis levée à quatre heures du matin, ainsi que tu le faisais, pour essayer d'organiser la composition et j'ai continué toute la journée, tu ne peux imaginer combien j'ai lutté, je ne me suis même pas interrompue pour cuisiner quelque chose et je me suis souvenue de nos bouillons d'os avec quelques légumes – tu les appelais "pot-au-feu" –, je souriais en moi-même à l'idée d'une Angelina qui pourrait prendre soin de moi et me prier de faire une toute petite pause pour manger un morceau, et, nerveuse, j'ai continué jusqu'au soir, reprenant encore et encore. J'ai pensé que ton esprit avait pris possession de moi, que c'était toi et non moi qui se trouvait à l'intérieur de moi, que ce désir fiévreux de peindre provenait de toi et je ne voulus pas perdre une seconde de cet ensorcellement. J'allai jusqu'à grossir, Diego, je débordais, je ne rentrais plus dans le studio, j'étais aussi grande que toi, je me battais, contre les esprits – tu m'avais dit quelquefois que tu fréquentais le diable – et je m'en souvins à ce moment-là parce que ma cage thoracique prenait une telle ampleur que mes seins commencèrent à enfler, ainsi que mes joues et mon double menton. J'étais comme une chambre à air ; je cherchai un miroir, et, en effet, mon visage était là, large et bouffi, palpitant comme si on l'avait attisé de l'intérieur avec un soufflet. Comme mes tempes battaient ! Et mes yeux : comme ils étaient rouges ! Ce n'est qu'alors que je touchai mon front et que je m'aperçus que j'avais de la fièvre. Une sacrée fièvre ! Il fallait en profiter, vivre cette heure pleinement, je te sentis m'envelopper, c'étaient tes mains, Diego, et non les miennes qui se mouvaient. Après, je ne sais plus ce qui s'est passé, j'ai dû perdre connaissance parce que je me suis réveillée au matin allongée près du chevalet et transie de froid. La fenêtre était ouverte. Sans doute l'avais-je ouverte durant la nuit comme tu le faisais lorsque tu sentais que ton corps devenait gigantesque jusqu'à recouvrir les murs, les recoins, qu'il occupait une étendue plus grande sur la terre, qu'il allait au-delà de ses propres limites, qu'il les brisait. Evidemment, j'ai attrapé une angine de poitrine, et si je n'avais pas reçu les soins de la *concierge**, ses *bouillons de poule** quotidiens, à l'heure qu'il est, tu serais en train de dire adieu à ta Quiela. Cela m'a beaucoup affaiblie, je ne suis pas sortie et, hormis Zadkine qui est venu un soir demander si j'avais de tes nouvelles, mon contact avec le monde extérieur est nul. Ma plus grande joie serait de voir parmi les rares lettres que je reçois une lettre avec un timbre du Mexique, mais ce serait là un miracle et tu ne crois pas aux miracles. J'ai été très excitée ; la peinture est le thème central de mes méditations. Je peins depuis de nombreuses années déjà ; j'étonnais les professeurs de l'Académie impériale des beaux-arts de Saint-Pétersbourg, ils disaient que j'étais très au-dessus de la *moyenne**, que je devrais poursuivre à Paris, et je crus en mes dons extraordinaires. Je pensais : je suis encore une étrangère dans le pays de la peinture, mais je pourrai un jour y être chez moi. Lorsque je gagnai la bourse pour aller à l'Académie impériale de Saint-Pétersbourg, ah ! Diego, je pensai que j'avais en moi quelque chose de merveilleux, quelque chose que je devrais à tout prix protéger et sauvegarder ! Mon dernier but serait Paris, l'Académie des beaux-arts. Je sais maintenant que l'on a besoin d'autre chose. M'en rendre compte, Diego, ce fut comme recevoir un coup de massue sur la tête et je ne peux l'effleurer en pensée sans ressentir une

* En français dans le texte.

douleur aiguë. Bien sûr je promets, je promets, mais depuis combien de temps est-ce que je promets ? Je suis encore une promesse. Parfois, ta propre souffrance au moment de la création me console et je pense : “Si c’était si dur pour lui, cela l’est davantage encore pour moi, c’est normal”, mais la consolation est de courte durée, parce que je sais que tu es déjà un grand peintre et que tu en deviendras un extraordinaire alors que j’ai tout à fait conscience que je ne parviendrai pas à être beaucoup plus que ce que je suis. Il me faudrait une grande liberté d’esprit et beaucoup de tranquillité pour entreprendre l’œuvre maîtresse, or ton souvenir me tourmente sans cesse, en plus des problèmes que tu connais par cœur et que je n’énumère pas pour ne pas t’ennuyer ; notre pauvreté, le froid, la solitude. Tu pourrais me dire, comme tu l’as déjà fait, que n’importe qui envierait ma solitude, que j’ai tout mon temps pour planifier et mener à bien une bonne œuvre, mais ces jours-ci je me suis agitée dans le lit, torturée par le souvenir de la mort de mon fils (et non comme toi enveloppée par les flammes du feu sacré). Je sais que toi tu ne penses plus à Dieguito ; tu as sainement coupé, la branche repousse, tu vis dans un autre monde, alors que le mien est celui de mon fils. Je le cherche, chatito, j’ai physiquement besoin de lui. S’il était vivant, il partagerait ce studio avec moi, je devrais me lever quel que soit mon état, m’occuper de lui, lui donner à manger, le changer et le seul fait que quelqu’un puisse avoir besoin de moi me ferait du bien. Mais il est mort à présent et personne n'a besoin de moi. Tu m'as oubliée dans ton Mexique que j'avais tant désiré connaître, l'Atlantique nous sépare, ici le ciel est toujours gris, et là-bas, dans ton pays, il est toujours bleu, et je me débats seule sans même avoir la consolation d'avoir tracé, ces derniers jours, une ligne qui vaille la peine.

Te quitte et t'embrasse tristement,

ta Quiela

23 décembre 1921

Floréal m'a contactée à nouveau, ils veulent d'autres gravures, un *pneumatique** est arrivé et tu ne peux savoir combien cette simple feuille pliée en quatre m'a remonté le moral. Le lendemain je suis allée rue de Rennes, c'était ma première sortie, et monsieur Vincent, voyant ma pâleur cadavérique, m'a dit : "*Voilà ce que c'est que l'amour**".

Il me demande dix illustrations, car celles que nous avions faites ensemble avant ton départ avaient beaucoup plu, tant à lui qu'au conseil d'administration de l'édition. Je riais intérieurement en repensant à la façon dont nous avions peint l'écu russe que le consul du Tsar m'avait commandé à Barcelone et à la bonne paie que nous avions touchée pour ce travail que nous avions réalisé sur plaques de cuivre. L'air marin entrait par la fenêtre et tu te

* En français dans le texte.

sentais bien ; nous avions peint au milieu des rires, il nous avait payé l'équivalent d'une année de ma pension et, sur le chemin de la banque, nous n'arrivions pas à y croire. J'ai demandé à monsieur Vincent un délai plus grand, parce que je sens que je ne pourrai travailler que très lentement à cause des vapeurs d'acide sur les plaques de gravure. Avant, je les supportais déjà difficilement, maintenant, cela me sera d'autant plus insupportable que j'ai cette fatigue généralisée faisant suite à la pleurésie. Parce que, en fait, chatito, je n'ai pas voulu te le dire plus tôt pour ne pas t'inquiéter, mais c'est une pneumonie que j'ai eue. A présent, je suis déjà sortie, et cette visite à *Floréal* m'a redonné courage. Elle m'ouvre la possibilité de gagner quelque argent pour te rejoindre et, rien que d'y penser, c'est un avant-goût du paradis. Je n'ai pas osé demander une avance à monsieur Vincent, mais il me l'a offerte spontanément. J'aurais voulu lui sauter au cou ; je me suis simplement limitée à lui exprimer ma reconnaissance le plus courtoisement possible. Il m'apparaît comme quelqu'un qui connaît l'être humain à fond et qui le regarde avec indulgence. Je pense compenser la pénurie pécuniaire actuelle par le grand bonheur que je ressens en m'installant face à ma table de travail – la tienne, plus exactement – pour démarrer les projets. Grâce à monsieur Vincent, j'aurai de quoi acheter du charbon et quatre ou cinq pommes de terre pèseront dans mon *filet à provisions**.

* En français dans le texte.

Ces derniers mois, mes finances se sont tellement détériorées que je n'ai pu jouir des fêtes russes de Noël que grâce aux œufs durs et à l'énorme pain qu'ils partagent. J'ai eu droit à deux œufs, mais un vieux sans dents et en manteau de fourrure m'a donné les siens, m'assurant qu'il ne les aimait pas. Je suis donc rentrée à la maison avec un grand pain et quatre œufs durs, assez pour me nourrir durant quatre jours. Je suis également passée rue Daru pour acheter des cornichons à l'eau salée. Te souviens-tu comme tu étais fasciné par les tonnelets de harengs, les olives noires, les pirojki, le saucisson, les oignons, le kulibiak, les cornichons dans leur eau salée, tellement bons pour la gueule de bois ? De retour à la maison, je fis du thé et mangeai le premier œuf dur, lentement, avec délectation… Si tu avais vu les icônes merveilleuses qu'ils sortent une fois l'an, alors que le reste du temps elles sont rangées ! Pas un seul Russe ne quitte Saint-Pétersbourg sans son samovar et son icône ; la procession avec les icônes s'est déroulée autour de l'église, pendant que les chœurs les plus fervents, les plus violents et surprenants que j'aie jamais entendus se détachaient de la nef. Je revois encore la messe de minuit avec la transition des chants de deuil à ceux de la résurrection et du triomphe, les cierges qui éclairaient par en dessous tous les visages qui défilaient, les femmes avec leurs plateaux d'œufs peints, leurs gâteaux de Noël, l'un au fromage frais, l'autre au biscuit appelé kulitch, que les gens amènent pour qu'on le bénisse.

Mais ce qui m'émut le plus, ce furent les embrassades avec des inconnus qui me prenaient dans leurs bras et imprimaient sur mes joues de gros baisers bruyants. J'avais besoin de cela, Diego, de sentir cette chaleur humaine. Je ne demande plus ni le savoir ni la force, rien qu'un peu de chaleur, qu'on me laisse seulement me réchauffer auprès du feu ; et je serais bien allée avec eux tous à *la Ville de Pétrograd* écouter des balalaïkas et des chansons tziganes. Je me languis de repas russes, rien que de mordre un œuf dur et je retrouve mon enfance. Te souviens-tu du mendiant qui se trouvait devant la cathédrale, saoul à toute heure du jour et de la nuit, qui tendait la main pour dire en russe : "Donnez-moi pour une petite vodka", et qui était pour toi l'homme le plus convaincant du monde ? Je ne l'ai pas vu et il m'a manqué... J'ai demandé de ses nouvelles à la boutique, mais ils ne savent rien. Cela fait une absence de plus dans ma vie. Qui donc m'a fait tomber malade m'empêchant de sortir dans la rue durant tant de jours ! Sur le chemin du retour, j'ai cherché les maisons sales et noires que tu observais longuement, je suis rentrée dans la petite cour humide, noire elle aussi, et j'ai regardé les fenêtres éclairées ; j'ai fait une esquisse, j'ai appris grâce à toi à prendre des notes, à m'exprimer au lieu de ruminer en secret, à bouger, à dessiner tous les jours, à faire, à dire au lieu de méditer, à ne pas cacher l'émotion, et je me sens forte de ce débordement d'activité, de ce sentiment d'épanouissement et de plénitude. Si j'avais pu le faire, j'aurais dessiné les chœurs russes, leur richesse. J'ai dessiné des visages de cire dans la pénombre de la nef et je les sens incroyablement vivants. Je suis rentrée par les *quais**. L'eau très claire reflétait un firmament clair lui aussi. De noir il n'y avait que les *péniches**, dont l'ombre obscurcissait l'eau. De temps à autre, un petit bateau remorquait l'une d'elles et l'amarrait un peu plus haut, je n'ai pas réussi à comprendre pourquoi. Un sentiment très pur d'exaltation religieuse m'a alors envahie, le même que je ressentais à Saint-Pétersbourg dans ma jeunesse, lorsque maîtres et domestiques s'embrassaient et s'accolaient après un dîner de minuit, et que je restais dans ma chambre sans pouvoir trouver le sommeil, regardant les rideaux que j'avais lavés et repassés avec les bonnes et, dans le coin, l'icône dont la veilleuse éclairait tendrement la vierge byzantine. Alors je me mettais à prier, pleine d'un amour sans objet, car je n'avais personne à aimer. Est-ce qu'à présent, Diego, mon amour a un objet ? Mon chatito, tu me manques, je lève mon esquisse en l'air et je te la montre, je me demande si tu manges comme il faut, qui peut bien s'occuper de toi, si tu continues à faire ces journées de travail épuisantes, si tes éclats de colère ont diminué, une colère géniale, productrice, créative, dans laquelle tu t'entraînais toi-même comme un fleuve, te roulais, débordant, te précipitais, et dans laquelle nous te suivions, immergés dans la

* En français dans le texte.

cataracte. Je me demande si tu ne vis que pour la peinture, comme tu le faisais ici, à Paris, sur quel chemin tu t'es engagé, si tu aimes une autre femme. Si cela était le cas, Diego, dis-le-moi, je saurais le comprendre, n'ai-je pas su tout comprendre ? Quelquefois, je pense qu'il vaudrait mieux quitter Montparnasse, la rue du Départ, ne plus jamais entrer à *la Rotonde*, rompre avec le passé, mais tant que je n'ai pas de nouvelles de toi je me sens comme paralysée. Quelques lignes de toi m'épargneraient des jours et des nuits d'angoisse. Diego, je t'embrasse, avec cette même inquiétude que tu regardais avec tendresse,

ta Quiela

P.-S. — Je vais t'envoyer par la poste, dans des enveloppes cartonnées, une à une, les esquisses des gravures, afin d'avoir ton approbation ou tes suggestions. Sans toi, je me sens fragile jusque dans mon travail.

29 décembre 1921

Je regrette de n'avoir pas commencé à peindre plus jeune et, maintenant que le temps a passé, j'ai la nostalgie des années d'université à Saint-Pétersbourg où j'avais opté pour le dessin. Au début, mon père venait me chercher et je me souviens encore de nos pas résonnant dans les rues désertes. Nous rentrions en bavardant et il s'enquérait de mes progrès, me demandait si le fait qu'il y eût des hommes dans les cours du soir de peinture ne m'intimidait pas. Puis, ayant constaté mon assurance et la gentillesse de mes camarades, il m'avait laissée rentrer seule à la maison. Quelle fierté sur son visage lorsque je gagnai la bourse pour l'Académie des beaux-arts de Saint-Pétersbourg !

Dès le premier jour de mon arrivée à l'*atelier** à Paris, je m'imposai un horaire que toi seul jugerais acceptable : de huit heures à midi et demi le matin, d'une heure et demie à cinq heures l'après-midi, et à nouveau de huit heures à dix heures du soir. Neuf heures de peinture par jour. Te représentes-tu ce que cela signifie ? Oui, Diego, tu peux l'imaginer, toi qui ne vis que pour la peinture. Je mangeais en pensant à la façon dont je réussirais les ombres du visage que je venais de laisser, je dînais à toute vitesse en pensant au tableau laissé sur le chevalet et lorsque je faisais des essais d'encaustique, je pensais au moment où j'ouvrirais à nouveau la porte de l'atelier avec son odeur familière et persistante de lavande. Je finis même par aller à l'université avec le désir d'apprendre à fond la physique et la chimie de la peinture dans un des laboratoires. Pour l'encaustique, je faisais fondre ma propre cire avec un chalumeau, puis j'y ajoutais l'essence de lavande et les pigments et, de temps à autre, les étudiants s'approchaient et me demandaient : "Comment va la couleur ?" A l'heure du

* En français dans le texte.

repas, je me fâchais si quelqu'un m'adressait la parole, me faisant perdre le fil de mes pensées, fixées sur la prochaine ligne que je tracerais et que je désirais continue, pure et précise. J'étais alors possédée, Diego, et je n'avais que vingt ans. Je ne sentais jamais la fatigue, bien au contraire, je crois que je serais morte si l'on m'avait obligée à abandonner cette vie-là. J'évitais le théâtre, j'évitais les promenades, j'allai jusqu'à éviter la compagnie des autres, car le degré de plaisir qu'ils me procuraient n'était rien à côté du plaisir intense que m'apportait le fait d'apprendre mon métier. J'éveillais des jalousies parmi mes camarades à cause des éloges que me fit André Lhote. Une fois, il s'attarda devant une tête vue du dessous, et me demanda :

— Vous l'avez faite seule ?

— Oui.

— Depuis combien de temps êtes-vous ici ?

— Depuis dix jours.

Trois camarades, une Danoise, une Espagnole et une Française, qui étudiaient depuis trois ans, s'approchèrent pour écouter.

— Vous avez des dons extraordinaires.

— Désirez-vous, maître, que je vous montre une autre tête ?

— Montrez-moi de suite tout ce que vous avez fait. Je veux voir jusqu'au plus petit tracé.

Je sortis tout, et les autres firent cercle autour de nous. Je voyais les yeux de l'Espagnole, qui dessinait admirablement (elle réalisait des travaux académiques remarquables avec des modèles magnifiques, elle allait même copier au Louvre), s'assombrir au fur et à mesure qu'il parlait, son visage se vidait de sa couleur alors que mes joues rougissaient de contentement. Lhote me stimula tellement que j'allai même y passer les samedis soirs et le directeur me regardait avec sympathie. "*Mademoiselle** Bielova, c'est merveilleux, vous travaillez alors que tout le monde part se reposer ou s'amuser." "C'est parce que je n'ai rien d'autre à faire, *monsieur**." S'ils avaient ouvert l'*atelier** le dimanche, ils m'y auraient trouvée. Les dimanches, je montais à Saint-Cloud, j'ai toujours aimé cette promenade, Diego ; marcher avec mon carnet de croquis sous les arbres fruitiers, au milieu de la campagne verte. J'avais l'air d'un photographe, le crayon à la place de l'appareil. Je remplissais de croquis les trois quarts du carnet, et je conserve encore, dans le coin d'une feuille dessinée, un *emploi du temps** qui aujourd'hui me fait sourire parce que j'avais divisé les vingt-quatre heures de la journée de telle façon qu'il m'en restait cinq pour dormir, une pour me laver en maudissant l'eau qui gelait dans les tuyauteries et qu'il fallait faire chauffer sur le poêle, deux heures pour les trois repas de la journée (non pour moi, mais pour la tante Natacha qui me reprochait de ne pas lui rendre visite, de ne pas l'écouter, de me négliger, de ne pas prendre l'air frais, de ne pas l'accompagner faire des courses ou rendre des visites), et seize heures pour peindre. Et

* En français dans le texte.

comme les trajets me semblaient longs, mon Diego ! Si je l'avais pu, j'aurais dormi à côté de mon chevalet, car chaque minute que je perdais était une minute en moins pour la peinture. Je voulais abattre en une année le travail de quatre, surpasser tous les autres, obtenir le *Prix de Rome**.

Ma passion mettait tante Natacha hors d'elle. Un soir où je lui avais promis de l'accompagner au théâtre, en voyant entrer tous ces gens, le visage inanimé et dans l'expectative de celui qui espère se divertir, je pensai : "Mais, qu'est-ce que je fais là au lieu d'être devant mon chevalet ?" Je plantai aussitôt ma tante au milieu de l'esplanade et revins sur mes pas. Le lendemain matin, elle ne voulut pas m'ouvrir la porte. Je ne comprenais pas pourquoi, je ne me souvenais de rien. Je crois que la peinture c'est cela, on oublie tout, on perd la notion du temps, des autres, des obligations, de la vie quotidienne qui se déroule à côté de soi sans même qu'on la remarque. A l'*atelier**, un soir où je traversais le salon pour aller chercher la bouteille d'essence et nettoyer ma palette, j'entendis l'Espagnole dire, à voix haute et distinctement, de façon à ce que je l'entendisse : "Au début, on fait toujours des progrès ex-tra-or-di-nai-res, phé-no-ménaux, pro-di-gieux, et les professeurs sont toujours éblouis. C'est après que les difficultés apparaissent, lorsqu'on a perdu l'impunité, la fraîcheur, l'audace des premiers tracés, et que l'on prend entièrement

* En français dans le texte.

conscience de tout ce qui vous reste à apprendre, qu'en réalité, on ne sait encore rien." Je passai rapidement, ma palette propre, et la Danoise, qui était quelqu'un de très bien, pensa certainement que j'étais blessée car elle m'aida à arranger ma nature morte, le verre, les trois oranges, la cuiller dans le verre (de façon à ce que le reflet vînt se poser précisément dessus), la serviette dépliée, la tranche de pain. Je ne me sentais pas blessée, mais les mots de l'Espagnole résonnaient dans mes oreilles et je ne pus fermer l'œil de la nuit, en pensant : "Et si soudain je perdais cette facilité ? Si je me mettais à stagner, tout d'un coup, consciente de ne rien savoir ? Si l'autocritique me paralysait brusquement ou que j'arrive à épuisement de mes dons ?" Ç'aurait été comme perdre mon âme, Diego, parce que je ne vivais qu'en fonction de la peinture ; je voyais tout sous la forme d'un dessin, le tournoiement d'une jupe sur le trottoir, les mains rugueuses d'un ouvrier mangeant non loin de moi, le pain, la bouteille de vin, les reflets auburn dans la chevelure d'une femme, les feuilles, les ramages du premier arbre. Par exemple, je ne m'arrêtais jamais à regarder un enfant dans la rue pour l'enfant en soi. Je le voyais déjà comme un tracé sur le papier ; je devais capter avec exactitude la pureté du menton, l'arrondi de la petite tête, le nez presque toujours minuscule (pourquoi donc les enfants ont-ils toujours ce nez-là, chatito ?), la bouche douce, jamais immobile. Et je devais capter cela le plus vite possible, parce que les enfants ne peuvent poser cinq minutes sans bouger ; mais je ne voyais pas l'enfant, je voyais ses traits, ses contours, sa lumière propre, je ne demandais même pas son nom. A propos, te souviens-tu de ce modèle belge, une femme d'âge mur, qui arrivait à s'endormir les yeux ouverts ?

A présent, tout a changé et je regarde avec tristesse les enfants qui traversent la rue pour aller à l'école. Ce ne sont pas des dessins, ce sont des enfants en chair et en os. Je me demande s'ils sont assez couverts, si leur mère a mis dans leur cartable un *goûter** nourrissant, peut-être un *petit pain au chocolat**. Je pense que l'un d'eux pourrait être notre fils, et je sens que je donnerais n'importe quoi, mon métier, ma vie de peintre, pour le voir comme ça avec son *tablier d'écolier** à petits carreaux bleus et blancs, l'avoir vêtu moi-même, avoir passé le peigne dans ses cheveux, lui avoir recommandé de ne pas tacher d'encre ses doigts, de ne pas déchirer son tablier, de ne pas… enfin, tout ce que font les mères chanceuses qui, à l'heure qu'il est, dans toutes les maisons parisiennes, attendent leurs enfants pour les prendre dans leurs bras. La vie nous coûte très cher, Diego, elle nous diminue dans ce que nous croyons être notre seule source de vitalité, notre métier. Je n'ai pas seulement perdu mon fils, j'ai également perdu mes possibilités créatrices ; je ne sais plus peindre, je ne veux plus peindre. Maintenant, alors que je pourrais le faire

* En français dans le texte.

à la maison, je ne profite pas de mon temps. Comme cet hiver est long ! A quatre heures de l'après-midi il fait déjà nuit et je dois alors m'arrêter de travailler une ou deux heures, jusqu'à ce que mes yeux s'habituent à la lumière électrique. Te souviens-tu lorsque tu disais que les yeux bleus le sont parce qu'il leur a manqué de la couleur, que la couleur des femmes de chez toi est la couleur du café, qu'elle est pleine et définitive comme la terre, comme le sillon, comme le bois ? Je sens qu'à présent ces yeux si délavés se sont affaiblis et qu'il m'est très difficile de les entraîner, de les faire revenir à la feuille blanche, de les fixer. Je m'assieds devant la table avec une couverture sur les genoux (c'est la seule façon de ne pas m'engourdir) et j'avance lentement, laborieusement. Maintenant, que je voudrais avoir une tante Natacha à qui rendre visite, elle est morte, et je ne sais de quel côté tourner la tête. Au revoir, Diego, et pardonne ton Angelina qui cette nuit, malgré le travail pour *Floréal* qui attend sur la table, est démoralisée. Je t'embrasse et je te répète que je t'aime, que je t'aimerai toujours, quoi qu'il arrive.

Tienne, Quiela

2 janvier 1922

Parmi les papiers qui se trouvent sur la table, à la place des croquis habituels, j'ai écrit d'une écriture que je ne reconnais pas : “Il est six heures du matin et Diego n'est pas ici." Sur une autre feuille blanche que je n'oserais jamais utiliser pour autre chose qu'un dessin, je regarde, surprise, mon griffonnage : "Il est huit heures du matin, je n'entends pas Diego faire de bruit, aller aux toilettes, parcourir la distance qui sépare l'entrée de la fenêtre, d'un mouvement lent et grave, ainsi qu'il a coutume de le faire pour aller regarder le ciel, et je crois que je vais devenir folle." Et, plus bas, sur la même feuille : "Il est onze heures du matin, je suis un peu folle, Diego n'est définitivement plus là, je pense qu'il ne reviendra jamais et je tourne dans la pièce comme quelqu'un qui aurait perdu la raison. Je n'ai rien pour m'occuper, les gravures ne viennent pas. Je ne veux pas, aujourd'hui, être douce, tranquille, décente, soumise, compréhensive, résignée, ces qualités que les amis louent tellement. Je ne veux pas non plus être maternelle ; Diego n'est pas un grand enfant, Diego n'est qu'un homme qui n'écrit pas parce qu'il ne m'aime pas et qu'il m'a complètement oubliée." Les derniers mots sont écrits avec violence, déchirant presque le papier, et je pleure devant la puérilité de mon défoulement. Quand ai-je écrit cela ? Hier ? Avant-hier ? La nuit dernière ? Il y a quatre nuits ? Je n'en sais rien, je ne m'en souviens pas. Mais à présent que je vois mon délire, je te demande, Diego – et c'est là sans doute la question la plus grave que j'aie posée dans ma vie : Diego, tu ne m'aimes plus ? Je voudrais que tu me répondes en toute franchise. Tu as disposé d'assez de temps pour réfléchir et prendre une décision (du moins à un niveau inconscient, au cas où tu n'aurais pas eu l'occasion de la formuler avec des mots). A présent, il est temps que tu l'exprimes. Autrement nous arriverons à une souffrance inutile, inutile et monotone comme un mal aux dents et avec la même issue. Le fait est que tu ne m'écris pas, que tu m'écriras de moins en moins si nous laissons le temps s'envoler de la sorte, et que, au bout de quelques années, nous finirons par nous voir comme des étrangers, si encore nous arrivons à nous voir. Quant à moi, je peux affirmer que le mal aux dents continuera jusqu'à ce que la racine pourrisse ; alors, ne vaudrait-il pas mieux, si plus rien en toi ne penche pour ma personne, que tu m'arraches la dent une bonne fois pour toutes ? Je reçois de temps à autre les envois d'argent, mais tes mots sont de plus en plus laconiques, de plus en plus impersonnels, et avec le dernier envoi pas une seule ligne de toi. Je me nourris indéfiniment d'un "Je vais bien, j'espère qu'il en est de même pour toi, au revoir, Diego", et j'essaie de deviner derrière ton écriture adorée quelque message secret, mais le côté dégagé des lignes écrites à toute vitesse stimule peu l'imagination. Je m'accroche à la phrase "J'espère qu'il en est de même pour toi", et je pense : "Diego veut que je me sente bien" ; mais mon euphorie est de courte durée, je n'ai rien pour l'alimenter. Je devrais peut-être comprendre à travers cela que tu ne m'aimes plus, mais je ne peux l'accepter. De temps en temps, comme aujourd'hui, j'ai un pressentiment, mais je m'efforce de l'effacer coûte que coûte. Je me lave à l'eau glacée pour essayer d'effrayer les oiseaux de mauvais augure qui rôdent à l'intérieur de moi, je sors et marche dans la rue, j'ai froid, je fais mon possible pour rester active, mais en réalité je délire. Je me réfugie dans le passé, je me remémore nos premières rencontres où je t'attendais, malade de tension et de joie. Je pensais alors : au milieu de cette foule, en plein jour, parmi tous ces gens, parmi ces hommes et ces femmes qui surgissent de la bouche du métro et qui montent l'escalier, il va apparaître sur le boulevard Raspail, non, sur celui du Montparnasse, et puis non, il n'apparaîtra jamais parce qu'il n'est qu'un produit de mon imagination et par conséquent je me retrouverai plantée là dans ce café, devant cette table ronde, et quand bien même j'ouvrirais davantage les yeux et mon cœur se mettrait à battre de plus belle, je ne verrai jamais personne qui ressemble, même de loin, à Diego. Je tremblais, Diego, je ne pouvais plus porter la tasse à mes lèvres. Comment était-il possible que tu pusses marcher dans la rue comme le commun des mortels et choisir de prendre le trottoir de droite... Seul un miracle pourrait te faire émerger de cette poignée de gens la tête baissée, sombre et sans figure et approcher de moi le visage levé, avec ton sourire qui me réchauffe rien que d'y penser ! Tu t'asseyais à côté de moi comme si de rien n'était, ignorant ma douloureuse expectative, et tu te retournais pour regarder l'Indien qui lisait le *London Times* et l'Arabe qui nettoyait ses ongles avec une fourchette. Je te revois avec ta taille monumentale, ton ventre te devançant toujours, tes chaussures sales, ton vieux chapeau gondolé, ton pantalon froissé et je pense que personne ne pourrait porter avec une telle noblesse des affaires aussi amochées. Je t'écoutais, ardente, les mains brûlantes sur mes cuisses, je ne pouvais pas avaler ma salive et pourtant j'avais l'air tranquille et tu le remarquais : "Comme tu es calme, Angelina, quelle retenue, comme ton nom te va bien, j'entends un bruissement d'ailes imperceptible !" Moi, j'étais comme droguée, tu occupais toutes mes pensées et j'avais une peur bleue de t'embarrasser. Je t'aurais envoyé un télégramme la nuit même pour recomposer notre rencontre, parce que je me remémorais chacune de nos phrases et que je me sentais malheureuse à cause de ma maladresse, de ma nervosité, de mes silences ; je recréais une rencontre idéale, Diego, afin que tu pusses retourner à ton travail avec la certitude que j'étais digne de ton attention. Je tremblais, Diego, j'étais très consciente de mes sentiments et de mes désirs inarticulés, alors que j'avais tant de choses à te dire. Je passais mes journées à me répéter ce que je te dirais en te voyant, mais le moment venu je restais interdite, et la nuit, épuisée, je pleurais sur l'oreiller, je mordais mes mains : "Demain, il ne viendra pas au rendez-vous, demain, je suis sûre qu'il ne viendra pas. Quel intérêt peut-il donc me trouver ?" Et, le lendemain soir, je me retrouvais devant le marbre de ma table ronde, entre la table d'un Espagnol qui regardait lui aussi vers la rue et celle d'un Turc qui vidait le sucrier dans son café, tous deux étrangers à mon désespoir, à la tasse entre mes mains, à mes yeux dévorant cette masse grise et anonyme qui passait dans la rue, masse avec laquelle tu devrais faire corps pour parvenir jusqu'à moi.

Diego, est-ce que tu m'aimes ? Oui, c'est douloureux mais également indispensable de le savoir. Tu vois, Diego, durant toutes ces années passées ensemble, mon caractère, mes habitudes, tout mon être en somme a subi un changement total : je me suis terriblement mexicanisée et je me sens liée *par procuration** à ta langue, à ta patrie, à des milliers de petites choses, et je crois que je me sentirais beaucoup moins étrangère auprès de toi que je ne le serais dans n'importe quel autre pays. Le retour à mon foyer paternel est définitivement exclu, non tant à cause des événements politiques que parce que je ne m'identifie pas à mes compatriotes. Je m'adapte au contraire très bien aux tiens et me sens plus à l'aise parmi eux.

Ce sont nos amis mexicains qui m'ont encouragée à penser que je peux gagner ma vie à Mexico en donnant des cours.

Mais après tout ces choses-là sont secondaires. Ce qui est important, c'est que je ne peux entreprendre aucune démarche pour aller dans ton pays si tu ne ressens plus rien pour moi ou si la simple idée de ma présence t'incommode. Si ce n'est pas

* En français dans le texte.

le cas, je pourrais même t'être utile, moudre tes couleurs, faire tes poncifs, t'aider comme je le fis durant la guerre, lorsque nous étions en Espagne et en France. C'est pourquoi je te demande d'être clair sur tes intentions, Diego. Cette semaine, j'ai trouvé un grand soutien dans l'amitié des peintres mexicains à Paris, en particulier Angel Zárraga, au contact si doux, discret au point d'être timide. Parmi eux, je me sentirais presque au Mexique, davantage près de toi, quoiqu'ils soient moins expressifs, plus circonspects, moins libres. Toi, tu soulèves des tourbillons sur ton passage et je me souviens d'une fois où Zadkine m'avait demandé : "Il est saoul ?" Ton ivresse venait de tes images, des mots, des couleurs ; tu parlais et nous t'écoutions tous, incrédules ; pour moi, tu étais un tourbillon en chair et en os, et, en plus de l'extase dans laquelle je tombais en ta présence, auprès de toi le monde m'appartenait un peu. L'autre jour, Elie Faure m'a dit que depuis que tu es parti une source de légendes d'un monde surnaturel s'était tarie et que nous autres Européens avions besoin de cette mythologie nouvelle, parce que, en Europe, la poésie, la fantaisie, l'intelligence sensitive et le dynamisme de l'esprit étaient morts. Nous avons besoin de toutes ces fables que tu élaborais autour du soleil et des premiers habitants du monde, de tes mythologies ; le vaisseau spatial en forme de serpent à plumes qui exista naguère, tournoya dans le ciel et se posa au Mexique nous manque. Nous, nous ne savons plus regarder la vie avec cette gourmandise, avec cette révolte fougueuse, avec cette colère tropicale ; nous sommes plus indirects, plus inhibés, plus sournois. Je n'ai jamais pu m'exprimer de la façon dont tu le fais ; chacune de tes manières est créative, elle est neuve comme si tu étais un nourrisson, un homme non encore entamé, virginal, d'une inexplicable et grande pureté. Il m'est arrivé une fois de le dire à Bakst et il m'avait répondu que tu étais originaire d'un pays qui vient tout juste de naître : "C'est un sauvage, avait-il répliqué, et les sauvages ne sont pas encore contaminés par notre ci-vi-li-sa-tion décadente, mais prends garde, car on dit qu'ils ne font qu'une bouchée des femmes petites et blanches." Tu vois, Diego, combien nous te gardons présent ? Comme tu peux le constater, nous sommes tristes. Elie Faure dit qu'il t'a écrit sans recevoir de réponse. Que fais-tu au Mexique, Diego, que peux-tu bien être en train de peindre ? Bon nombre de nos amis se sont dispersés. Marie Blanchard est retournée peindre à Bruges et elle m'a écrit qu'elle a essayé de louer une chambre dans la même pension où nous fûmes si heureux et nous amusâmes tant, lorsque tu te levais à l'aube pour adorer le soleil et que les femmes qui allaient au marché laissaient tomber leurs paniers remplis de tomates, levaient les bras au ciel et se signaient en te voyant tout nu derrière la balustrade de la fenêtre. Juan Gris veut aller au Mexique et il compte sur ton aide, tu lui avais promis d'aller voir le directeur de l'Institut culturel de ton pays ; Ortiz de Zárate et Angel Zárraga pensent rester encore un moment, Lipschitz avait également évoqué son voyage, mais dernièrement j'ai perdu sa trace car il a cessé de me rendre visite. Picasso est parti vers le sud à la recherche du soleil ; je ne sais rien des Zeting, mais je te l'ai déjà dit. Parfois je pense que c'est mieux ainsi. Hayden, à qui j'avais fait part de la fréquence à laquelle je t'écrivais, m'a dit, en ouvrant les bras : "Mais Angelina, combien de temps crois-tu que les lettres prennent pour lui parvenir ? Elles tardent beaucoup, beaucoup, un, deux, ou trois mois, et si tu me dis que tu écris à Diego tous les huit ou quinze jours, il n'a pas le temps de te répondre." Il m'a un peu apaisée, pas tout à fait, mais enfin, j'ai entrevu l'hypothèse que la nature puisse conspirer à notre encontre. Pourtant, il me semble presque inutile dans ce cas de te rappeler qu'il y a des bateaux qui assurent la liaison entre la France et le Mexique. Zadkine, en revanche, me prenant par l'épaule et m'obligeant à marcher à ses côtés, m'a dit quelque chose de terrible : "Angelina, ne sais-tu pas qu'on ne peut forcer l'amour à travers la compassion ?"

Mon cher Diego, je t'embrasse très fort, désespérément, par-dessus l'océan qui nous sépare,

ta Quiela

17 janvier 1922

Tu ne m'as rien dit au sujet des esquisses, alors je me lance seule, parce que *Floréal* ne peut pas attendre. J'ai d'abord fait des natures mortes, des bouteilles et des fruits, des lignes courbes, des cercles de couleur sur une table angulaire pour casser un peu l'arrondi, car mes figures de ces derniers mois ne sont pas géométriques, elles sont au contraire rondes et douces, je ne peux plus disloquer les lignes droites comme je le faisais auparavant, je les maintiens et j'enveloppe le tout d'une lumière bleue, la même que celle qui m'enveloppait, disais-tu, lorsque je passais devant tes yeux. Puis, sans trop y réfléchir, je me suis mise à peindre des paysages urbains et aussitôt après j'en suis venue à faire des têtes et des visages d'enfants qui sont, à mon avis, les plus réussis de tous ces travaux. C'est mon fils qui me vient au bout des doigts. J'ai dessiné un enfant d'un an et demi, douloureux, avec la tête inclinée, presque transparente, ainsi que tu m'avais peinte il y a quatre ans, et cette figure me plaît beaucoup. Mes couleurs ne sont pas éclatantes, elles sont pâles, les plus persuasives sont le bleu et ses différentes nuances. Tu vois comme j'ai travaillé malgré tout ; c'est le *métier**, je me plains mais il coule dans la main, il afflue doucement dans la peinture. Entre-temps, ta voix bien-aimée résonne dans mes oreilles : "Joue, Angelina, joue comme le demande Picasso, ne prends pas tout au sérieux." Et j'essaie d'alléger ma main, de faire danser le pinceau, je le lâche même pour secouer ma main comme une marionnette et je me souviens de ton

* En français dans le texte.

jeu mexicain : "*Tengo manita, no tengo manita, porque la tengo desconchavadita**", puis je reviens à la toile sans pouvoir jouer, mon fils mort entre les doigts. Toutefois, je crois avoir trouvé une vibration secrète, une transparence rare.

Quelques amis russes de l'époque de la guerre sont venus, Archipenko et Larionov, mais je ne les accompagne pas à *la Rotonde* parce que cela me retourne trop, et comme je ne peux rien leur offrir, pas même une vodka, ils ne restent pas longtemps. Ils voient le papier blanc qui attend sur ma table et ils prennent poliment congé : "Nous ne voulons pas vous déranger davantage, vous êtes en train de travailler." En revanche, Zadkine m'a demandé l'autre jour où se trouvaient tes dessins et il s'est mis à les feuilleter ; j'ai sorti l'huile qui n'est pas signée, celle qui ressemble à *El despertador***, et il m'a dit qu'elle intéresserait sans doute Rosenberg. Il m'a raconté qu'Elias Ehrenburg lui avait vendu à très bon prix, deux cent quatre-vingts francs, un de tes tableaux, que Rosenberg a le coup d'œil et qu'il achète comme un fou. "Vous ne devriez pas pâtir de la sorte, Angelina, pourquoi ne vendez-vous pas quelque chose ? Je parie que vous n'avez même pas essayé." Je lui répliquai que non, que ces œuvres étaient ma vie même, que si je partais pour le Mexique elles seraient mon unique bagage. Il a secoué la tête et a poursuivi : "Pourquoi ne mettez-vous

* Comptine sur le thème des mains.

** Titre d'un tableau de Diego Rivera.

pas le samovar sur le poêle ?" Je lui ai dit que j'en avais perdu l'habitude. "Vous n'avez pas de thé ?" "Non." Il est alors sorti pour revenir avec une boîte en aluminium achetée rue Daru et a ordonné : "Maintenant nous allons boire le thé." Il a une façon brusque mais affectueuse d'agir et je ne peux lui en vouloir, pas même lorsqu'il s'attarde devant un de tes croquis et qu'il parle de la force perturbatrice et arbitraire de ton tracé. "Il lui ressemble, crie-t-il, il occupe tout l'espace, il ne sait pas ce qu'est le silence." "Au contraire", lui ai-je répondu, et je lui ai parlé de ton silence qui précède la création. C'était la première fois que je parlais d'un seul jet et durant un temps considérable, c'est du moins ce qu'il me semble, et Zadkine, qui m'observait en silence, me dit ensuite en hochant la tête : "Vous vous êtes mexicanisée à tel point que vous avez oublié comment on fait le thé." Et c'est vrai, je m'étais débrouillée pour ne pas réussir le thé. Ossip Zadkine est parti à neuf heures du soir. Ses joues rouges et ses cheveux hirsutes, ses gestes francs et rapides, sa bonhomie m'égaient. Et je me suis couchée contente d'avoir bu du thé, d'avoir parlé de toi, d'avoir son amitié pour me réconforter.

Diego, je t'embrasse de toute mon âme, autant que je t'aime,

ta Quiela

28 janvier 1922

Je savais par des amis que tu envoies également de l'argent à Marievna Vorobiev Stebelska (je reconnais là ta noblesse d'âme), mais aujourd'hui, pour qu'il ne subsiste aucun doute, tu lui envoies trois cents francs par mon intermédiaire, me priant avec ton écriture empressée de les lui faire parvenir, parce que, d'après toi, je suis la personne la plus fiable et la plus responsable qu'il y ait sur terre. *C'est un peu fort**, Diego, non ? J'ai demandé à Fischer de lui porter l'argent. Je ne les ai pas revues, ni Marievna, ni la petite Marika, mais on m'a dit qu'elle te ressemble beaucoup. Quoique tu m'aies choisie comme confidente et que je te sois reconnaissante de ton geste, je ne peux pas les voir car je ressens de la jalousie et je n'arrive pas à la contenir. Tu as bien fait de me le dire, je ne te reproche rien, Diego, après tout ce fut Ehrenburg qui te présenta Marievna à *la Rotonde* lorsque tu demandas : "Qui est cette admirable Caucasienne ?" A ce moment-là, Marievna chercha également à avoir mon amitié ; mais ma jalousie est tellement forte que je ne supporte même pas de penser à elles, ni à la mère ni à la fille. Je pense à notre fils et le désespoir m'envahit. Quand je te demandai un autre enfant, même si tu devais retourner au Mexique sans moi, tu me le refusas. Marievna, elle, a une fille de toi, qui est vivante, qui grandit et te ressemble,

* En français dans le texte.

même si tu l'appelles "la fille de l'Armistice". Tu as été mon amant, mon fils, mon inspirateur, mon Dieu, tu es ma patrie ; je me sens mexicaine et ma langue est l'espagnol, même si je l'esquinte un peu en la parlant. Si tu ne reviens pas, si tu ne viens pas me rechercher, non seulement je te perds toi, mais je me perds moi-même, je perds tout ce que j'ai pu être. Pour Marievna, tu ne fus qu'un parmi tant d'autres. Tu me le dis toi-même : "C'était l'Armistice, et pour cette seule raison, avec la folle joie d'une fin de guerre, toutes les femmes ouvrirent leurs bras pour accueillir tous les hommes. C'était une façon pour la vie de se venger de la mort." Marievna Vorobiev Stebelska s'est toujours trouvée parmi nos amis russes, assise à *la Rotonde* avec Boris Savinkov. Une nuit elle raconta, presque en criant, qu'elle avait été l'amante de Gorki ; nous pensions qu'elle était celle d'Ehrenburg ; à Montparnasse, elle se faisait remarquer par la façon excitée dont elle parvenait jusqu'à nous. A l'époque je n'avais pas de temps à consacrer à Marievna, la seule chose qui m'intéressait était de voir ton évolution parmi mes amis, comment tu te limitas d'abord à écouter, puis, pris par le feu des discussions, tu finis par leur crier tes idées dans un espagnol parsemé de mots français, de mots russes ; tu inventais la langue, tu la tordais selon ton bon vouloir et tu rompais la barrière ; tes idées allaient au-delà des frontières du langage ; tu étais si clair que nous en restions tous surpris, surtout moi qui suivais chaque jour des cours pour apprendre ta langue, qui répétais la grammaire avec une ponctualité scolaire, sans jamais m'aventurer. Comme je me souviens des regards de nos amis fixés sur toi ! Celui de Marievna également, incroyablement attentif, et pour cette seule raison qu'elle t'admirait, j'en fis mon amie, oui, elle était mon amie et tu la mis enceinte, et malgré tout nous restâmes ensemble. Je sentais que les égards des amis étaient pour moi et non pour Marievna. Elle était l'amante, moi l'épouse. Tu tombas malade immédiatement après ta relation avec elle. Nous allâmes à Périgueux faire une cure d'huîtres. Puis tu voulus faire un régime de fraises. Nous traversâmes ensemble les mêmes épreuves. Tu me racontais tout, la folie de Marievna, son délire de persécution, le danger qu'elle représentait à tes yeux. Je t'écoutais et je partageai tout ; Marievna fut également mon bourreau.

Nous partageâmes tout, Diego, lorsqu'il y avait un fromage, une tranche de pain, une bouteille de vin, nous appelions les amis pour qu'ils vinssent profiter de nos victuailles. Te souviens-tu du saucisson que je réussis à me procurer au marché noir, et que Modigliani faillit terminer ? Et le camembert apporté par Hayden, caché dans les plis de son manteau et qu'il manqua faire tomber en se penchant à la fenêtre ? Quelle époque, chatito ! Nous riions comme des enfants au milieu de l'horreur ! Te souviens-tu quand Adam Fischer ramena un *litre de gros rouge** et que sur le chemin de la

* En français dans le texte.

maison, ne pouvant se retenir, il en but une petite gorgée, puis encore une au coin de la rue, et une autre encore sous le porche, et qu'il arriva avec la tête qui lui tournait, tellement ça faisait longtemps qu'il n'en avait pas goûté ? Marievna faisait partie de notre confrérie et, d'une certaine façon, elle nous trahit tous. Jeudi dernier, j'ai suivi des enfants – quelquefois, je me surprends à suivre les *écoliers** –, et je me suis assise avec eux dans le jardin du Luxembourg pour regarder le Guignol. Parmi les personnages, il y avait une femme très grande, avec un toupet de cheveux blonds en forme de frange sur les yeux très bleus, et la marionnette me fit penser à Marievna. Dans la pièce, elle faisait la même chose que Marievna : elle distribuait des gifles à tout venant, ce qui faisait rire aux larmes les spectateurs. On aurait dit un fauve. Les autres marionnettes communiquaient entre elles par la parole, la seule à ne pas le faire était la poupée blonde et les enfants se mirent à l'appeler par des cris : ils voulaient voir comment elle allait rosser le premier venu. Elle était très populaire. Aussi populaire que l'avait été Marievna. Y compris avec moi. Mais, assez de Marievna ! Te souviens-tu du flacon rempli de sable que nous ramenâmes de Majorque, de Cala de San Vicente, et que tu commenças à coller sur la toile en laissant la texture du sable intacte ? J'ai cherché le flacon partout sans le trouver et cela me fait de la peine, parce que je

* En français dans le texte.

me souviens de ton émotion devant la Méditerranée et du mouvement de l'eau à nos pieds. J'aimerais le récupérer parce que j'ai justement peint un paysage d'eau et que j'aimerais retrouver quelque chose de cette plage-là.

J'avance lentement, je suis bien loin de peindre comme l'oiseau chante, ainsi que le voulait Renoir. Mais en fin de compte je suis ton oiseau et j'ai fait mon nid entre tes mains, à jamais.

Tienne, Quiela

2 février 1922

Enfin une enveloppe avec un timbre mexicain, je l'ai ouverte avec une véritable anxiété, c'était une lettre de ton papa, comme je l'aime. Je suis triste d'apprendre qu'il a été très malade et je suis vraiment malheureuse de ne pouvoir le voir ; mais je ne te parlerai plus de mon désir de les voir, Diego, car l'initiative doit venir de toi, sans quoi... il est presque indécent d'insister. Quand je pense qu'à l'heure qu'il est je pourrais être à côté de papa, m'occuper de lui, lui rendre un peu de toute cette affection que ses mots m'ont apportée. Je lui ai répondu par retour du courrier en lui demandant des nouvelles du Mexique, de ta mère, et de son travail épuisant, de la maison, de ta sœur Maria, de tes activités, et je suis confiante qu'il m'écrira car j'ai pu remarquer son grand cœur à travers les brèves lignes qu'il m'a envoyées. Je suis exaltée par le fait que ton père m'appelle sa *fille* ; il pense que je suis ta femme, il *sait* que je suis ta femme, alors c'est qu'il n'y en a pas d'autre, qu'il n'y a que moi, et cela me réconforte infiniment, malgré ton silence que j'attribue à un excès de travail, au changement, aux projets en route, aux longues discussions que tu suscites à la tombée du soir ; je t'imagine autour d'une table, échangeant des idées, secouant les esprits, les obligeant à penser, les enflammant avec ta passion, les irritant aussi, puis explosant toi-même de colère de la même façon que tu explosas lorsque je t'appris que j'étais enceinte, vociférant, menaçant de te jeter du septième étage, devenant fou et me criant, tout en ouvrant les deux volets : "Si cet enfant me dérange, je le jetterai par cette fenêtre." Dès lors, tu commenças à vivre en accéléré, comme si tu avais voulu retenir toute une vie en une seule heure. Tu allais jusqu'à peindre durant vingt heures, n'en réservant que quatre pour dormir, tu étais si fébrile que tu te mis à parler tout seul. Je dus appeler un médecin qui te dit : "C'est madame qui est enceinte, pas vous." Tu te lamentais : "Comment pouvons-nous amener un enfant dans ce monde inhumain ? Comment puis-je, moi, changer le monde avec ma peinture avant qu'il n'arrive ?" Tu me parlais des soldats français qui désertaient ou se mutinaient parce qu'ils ne voulaient plus faire la guerre et de ceux qu'il fallait menacer, y compris avec le feu de la mitrailleuse, pour qu'ils continuassent, et tu répétais sans cesse que faire naître un enfant dans un monde aussi absurde, inhumain et cruel que le monde européen, cela équivalait à commettre un infanticide ; tu me torturais avec cette idée de la même façon que ma grossesse te torturait, mais je voulais, Diego, avoir un enfant de toi et de moi. Cependant, c'est toi que j'ai toujours préféré. D'autres femmes s'en occupaient, mais c'était mon fils et je pourrais bientôt le ramener au studio, dès qu'il ne pousserait plus les cris qui fatiguaient tellement tes nerfs. L'hiver arriva. Aujourd'hui encore, des gens en parlent : “Ah ! l'hiver 1917 !” L'enfant mourut. Toi et moi, en revanche, nous pûmes surmonter toutes les privations. Apollinaire mourut un an plus tard. Une fois, je t'entendis dire : “Apollinaire et mon fils sont morts de la même chose : de la bêtise humaine.” Je me souviens d'un poème d'Apollinaire que je te retranscris tout de suite :

En somme ô rieurs vous n'avez pas tiré grand-chose des hommes
Et à peine avez-vous extrait un peu de graisse de leur misère
Mais nous qui mourons de vivre loin l'un de l'autre
Tendons nos bras et sur ces rails roule un long train de marchandises.

Tu commenças à considérer qu'il était inconcevable que l'humanité continuât à tolérer un système produisant des folies telles que la guerre. Tu criais encore et encore que l'on trouverait bientôt une solution ; j'avais de nombreuses discussions avec les Russes – mes amis révolutionnaires émigrés – sur le rôle de la peinture dans le futur ordre social. Nous attendions tous les jours des amis qui revenaient du front. C'est alors que je remarquai que tu avais le *mal du pays**, tu tournais les yeux vers le soleil pâle et il t'en rappelait un autre ; dans le fond, tu voulais partir. Tu en avais assez. Tout t'avait dégoûté : l'Europe et son froid et la Grande Guerre et les troupes revenant toutes crottées, traînant leurs biens, et la mort d'Apollinaire méconnaissable avec la tête bandée, une esquille dans le crâne. Il était temps de partir. La seule chose qui t'aurait peut-être retenu était ton fils, or il reposait sous la neige. J'aurais bien levé l'ancre avec toi, mais il n'y avait d'argent que pour un seul billet. Je ne recevais plus ma pension de Saint-Pétersbourg, la guerre avait tout interrompu ; dans le fond, la guerre avait cassé ton lien avec la France, et en mourant ton fils avait cassé ton lien avec moi. Je l'avais pressenti, Diego, et j'ai accepté. J'ai cru fermement que je te rejoindrais peu après, que ces dix années de vie commune n'avaient pas été vaines, car après tout j'ai été ton épouse et je suis sûre que tu m'as aimée. Je n'ai qu'à regarder le portrait que tu fis de moi pour sentir ta tendresse ; je la vois dans l'inclination de ma tête, dans la douceur des sourcils arqués, dans le front haut à tous points de vue, comme s'il avait voulu exprimer ce que tu percevais en moi d'intelligence et de sensibilité, les yeux étonnés suggèrent une attitude

* En français dans le texte.

d'admiration face à la vie, la bouche pensive esquisse un léger sourire ; je vois les trois Angelina : avant, pendant et après la grossesse, je vois mon ventre plein sur lequel tu t'es longuement attardé : "Diego, fils", avais-tu écrit ; et à un autre coin de la toile : "La douce Angelina."

Il t'arrivait de me dire : "Ici, ce sont tous des visages clairs sur fonds plus sombres. Dans mon pays, ce sont tous des visages foncés sur fonds clairs." Je sais maintenant que tu le disais parce que tu te languissais de cette lumière qui se cloue dans la rétine, mais, à ce moment-là, je croyais que tu le disais parce que j'étais la plus transparente, la plus diaphane. Un jour, tu remarquas : "Tu es si pâle que tu es presque translucide, et je peux voir ton cœur." Une autre fois, alors que je m'asseyais en face de toi, tu levas les yeux et je t'entendis dire : "Ton visage est prodigieusement blanc. Il semble toujours émerger de l'obscurité." Je pensais que le blanc te fascinait jusqu'à ce que, à ma grande surprise, tu déclaras un matin : "Il n'y a ici que Juan Gris qui soit métissé, or il le cache en affirmant qu'il est espagnol. Ce qu'il a de bon, c'est ce qu'il a de noir, ce qu'il a de mauvais, c'est ce qui lui reste de blanc. Il se fait passer pour un Espagnol parce que les Français métropolitains regardent de travers les Latino-Américains. Mais comme ils aimeraient, ces Européens pâles et fripés, marcher avec la grâce féline des tropiques ; comme ils aimeraient qu'un rayon de soleil incendie et colore leur peau fade et fanée. Comme l'Européenne est vieille, poussiéreuse et rouillée, Angelina !" Je me sentis blessée. Je ne voulais pas me sentir visée mais je ne pus l'éviter. Tu avais eu ton compte d'Europe, de ses privations, de son pain noir rassis, de sa fatigue et de sa suie, et tes critiques devenaient de plus en plus fréquentes : "Comme elles sont lugubres, ces sirènes d'usine ! Comme l'industrialisation est triste et macabre ! Chez moi, les gens s'asseoient pour manger avec une attitude hiératique et posée, ainsi que doivent le faire les dieux."

Je pense que tu ne m'écris ni ne m'envoies de l'argent pour le billet parce que tu crains les difficultés ou les complications de la vie *à deux** au Mexique. J'ai beaucoup réfléchi à la question et je crois pourtant qu'il serait possible dans ton pays, où nous n'avons jamais vécu ensemble, de se forger une vie dans laquelle nous ne nous donnerions l'un à l'autre que ce qu'il est possible de se donner spontanément. Toi, tu te consacrerais comme à l'accoutumée à ton travail, moi je serais occupée par mes cours de dessin, par mes portraits, je gagnerais ma vie autant que faire se peut ; par conséquent, je serais absente durant la plus grande partie de la journée, nous nous verrions le soir et notre union se nourrirait, à la base, de travail et de bonne volonté, de camaraderie et d'indépendance. Je pense n'avoir jamais entravé ton indépendance, Diego, même dans l'histoire avec Marievna, tu vois bien que je l'acceptai lorsque tu m'en parlas ; j'ai toujours

* En français dans le texte.

essayé de faciliter ta vie pour que tu peignes malgré la pauvreté. Aujourd'hui encore, je ne demanderais rien de plus que de mélanger tes couleurs, nettoyer ta palette, maintenir tes pinceaux en parfait état, être ton aide et ne pas t'être embarrassante. Ici, à Paris, notre vie fut très dure ; peut-être le seraitelle moins sous le soleil mexicain et je m'efforcerais d'être une femme bonne pour toi. Il t'est déjà arrivé de me le dire : "Quiela, tu as été une femme bonne pour moi. A tes côtés, j'ai pu travailler comme si j'avais été seul. Tu ne m'as jamais dérangé et c'est là une chose dont je te serai reconnaissant à vie." Je t'assure, Diego, que je ne pèserais pas davantage au Mexique. Depuis mon départ de Saint-Pétersbourg, j'ai toujours su me débrouiller toute seule. Toi-même tu m'appelais *débrouillarde** dans ton argot français, lorsque je rentrais avec un kilo de pommes de terre ou un quart de crème, ou que je réussissais du premier coup le riz à la mexicaine dont tu ne faisais qu'une bouchée. Mes parents m'apprirent à être autonome ; je leur dois cet énorme cadeau et je ne les en remercierai jamais assez. Je suis issue d'une de ces familles de la classe moyenne qui sont la base du libéralisme et du radicalisme en Russie et mes parents eux-mêmes m'obligèrent à avoir un métier. A l'égal d'un fils je dus me préparer, exercer et savoir travailler. Comme ils étaient sages ! En me poussant de la sorte ils me donnaient la clé de mon propre bonheur ! Réussir

* En français dans le texte.

mon indépendance économique a été une de mes plus grandes sources de satisfaction et je suis fière d'avoir été une des femmes à l'avant-garde de ma génération. Même lorsque je fus expulsée de l'Académie des beaux-arts pour avoir participé à une grève estudiantine, mes parents ne perdirent pas leur confiance en moi, je ne reçus pas un seul reproche, et lorsque le directeur m'admit à nouveau ils constatèrent tous deux, avec cette fierté qui se reflétait sur leur visage chaque fois qu'ils me regardaient : "Angelina avait raison, il ne pouvait en être autrement, justice est faite." A la mort de mes parents, je sus que la seule façon de leur rendre honneur était de poursuivre ma carrière et c'est pourquoi je vins étudier à Paris. Nombreux étaient les Russes qui arrivaient à la gare du Nord. Diaghilev voyagea le même jour que moi et Zadkine avait pris le train la semaine précédente. Nous arrivions, pratiquement au rythme d'un Russe par jour, un Russe haletant, ébloui par le rayonnement de Paris. J'avais pu louer, grâce à mon modeste héritage, un studio avec une minuscule salle de bains et une petite cuisine sans aération, mais j'étais bien mieux lotie que beaucoup de mes compatriotes. Peu de temps après, tante Natacha arriva, ma seule relation familiale à Paris. Elle m'invitait chaque semaine à faire "au moins un bon repas", et à prendre des forces pour continuer "cette folle vie d'artiste que tu mènes".

Je te connus à *la Rotonde*, Diego, et ce fut le coup de foudre. A peine te vis-je entrer, grand, avec ton chapeau à larges bords, tes yeux saillants, ton sourire aimable, Zadkine disant : "Voici le cow-boy mexicain", et d'autres s'exclamant : *"Voilà l'exotique*"*, que j'éprouvai de l'intérêt pour toi. Tu occupais tout l'encadrement de la porte, avec ton mètre quatre-vingts de hauteur, ta barbe négligée et ondulée, ton visage d'homme bon, et surtout tes habits dont on aurait cru qu'ils allaient craquer d'un instant à l'autre, les habits sales et froissés d'un homme qui n'a pas de femme pour s'occuper de lui. Mais ce qui m'impressionna le plus fut la bonté qu'exprimait ton regard. Je pouvais percevoir autour de toi une atmosphère magnétique que d'autres découvrirent plus tard. Tout le monde s'intéressait à toi, aux idées que tu exposais fougueusement, à tes manifestations désordonnées de gaieté. Je me souviens encore de ton regard surpris, tendre, se posant sur moi. Puis, lorsque nous nous levâmes de table et restâmes l'un à côté de l'autre, Zadkine s'écria : "Regardez comme ils sont amusants ensemble : le sauvage mexicain, énorme et voyant, et elle, petite créature douce, enveloppée par un léger voile bleu." De la façon la plus naturelle qui fût, sans jurements, sans dot, sans contrat sur nos biens, sans écrits, sans formalités, nous nous unîmes. Aucun de nous deux ne croyait aux institutions bourgeoises. Nous affrontâmes la vie ensemble et dix années passèrent, les meilleures de ma vie. Si l'on m'offrait la possibilité

* En français dans le texte.

de renaître, je choisirais de nouveau ces dix années-là, Diego, ces années pleines de douleur et de bonheur que je vécus avec toi. Je continue à être ton oiseau bleu, je continue à être tout simplement bleue, comme tu m'appelais parfois, je penche la tête, ma tête définitivement blessée, je la pose sur ton épaule et j'embrasse ton cou, Diego, Diego, Diego, que j'aime tant.

Tienne, Quiela

22 juillet 1922

Il me semble qu'il s'est passé une éternité depuis la dernière fois que je t'ai écrit et depuis que j'ai eu des nouvelles de toi, Diego. Je n'ai pas voulu t'écrire parce qu'il m'est difficile de taire certaines choses logées dans mon cœur et dont je sais à présent, en pleine connaissance de cause, qu'il est inutile de parler. Je ne prends la plume que parce que je trouverais incorrect de ne pas te remercier pour l'argent que tu m'as envoyé. Je ne l'ai pas fait pour les derniers envois que j'ai reçus, ceux du 6 février, du 10 mars et de début juin, correspondant respectivement à deux cent soixante, deux cent quatre-vingt-dix-sept et trois cents francs, or plus de quatre mois se sont écoulés. Je t'ai en revanche envoyé les nouvelles gravures parues dans *Floréal*, mais pas une seule ligne de toi à leur sujet. Pas non plus un seul mot avec les envois d'argent. Si je te disais que j'aurais préféré une ligne à l'argent, je ne mentirais qu'à moitié ; je préférerais bien évidemment ton amour, mais grâce à l'argent j'ai pu survivre, ma situation économique étant en effet terriblement précaire ; j'ai même pensé abandonner la peinture, me rendre, en quelque sorte, et chercher un travail comme institutrice, dactylographe ou n'importe quoi d'autre durant huit heures par jour, un *abrutissement** général, avec sortie au cinéma ou au théâtre les samedis et promenade à Saint-Cloud ou à Robinson les dimanches. Mais ce n'est pas ce que je veux. Pourvu de pouvoir me consacrer à la peinture je suis prête à mener ma vie de la même façon et à en accepter les conséquences : la pauvreté, les souffrances et tes pesos mexicains.

Maintenant je sais, l'ayant appris par Elie Faure, l'existence de ton amour mexicain, mais mes sentiments envers toi n'ont pas changé, et quant à moi, je ne désire ni ne cherche de nouvel amour. Je sens que ton amour mexicain peut être passager parce que j'ai des preuves que c'est souvent le cas. Je sais que tu n'écris pas non plus à Marievna ; tu lui envoies de l'argent, non plus à travers moi, pour ne pas me blesser, mais à travers Adam Fischer. Tu vois comme je suis bien renseignée et ce n'est pas parce que j'essaie de savoir les choses, mais parce que tes amis et les miens me les apprennent sans précaution ni égard, pensant agir pour mon bien en me sortant du rêve dans lequel je vis. Elie Faure a été

* En français dans le texte.

clair : “Angelina, vous avez toujours été une femme de bon sens et d’un grand équilibre, il faut refaire votre vie. Avec Diego tout est fini et vous êtes quelqu’un de trop bien pour…” Je ne me souviens plus de la suite car je ne voulais pas l’écouter, d’ailleurs, je ne le crus même pas. Lorsque tu es parti, Diego, j’avais encore de l’espoir. Il me semblait que, malgré tout, ces liens profonds qui ne doivent pas être définitivement rompus étaient solides, que nous pouvions encore nous être nécessaires l’un à l’autre. Ce qui me fait mal c’est de penser que tu n’as plus du tout besoin de moi, toi qui criais “Quiela” comme un homme qui serait en train de se noyer et qui demanderait qu’on lui jette une bouée à l’eau.

Enfin ! Je pourrais continuer à écrire indéfiniment, mais comme tu n’as pas de temps à perdre cette lettre s’avère peut-être déjà trop longue. Il est inutile de te demander de m’écrire, tu devrais pourtant le faire. Surtout, réponds à cette lettre, qui sera la dernière avec laquelle je t’importunerai ; réponds-y sous la forme qui te plaira, mais *en toutes lettres**.

Tu n’as guère besoin de me donner beaucoup d’explications, quelques mots suffiront, même un télégramme, l’important est que tu me les donnes. Je termine en t’embrassant affectueusement,

Quiela

P.-S. — Que penses-tu de mes gravures ?

* En français dans le texte.

Beaucoup d'informations contenues dans ces lettres ont été puisées dans le livre de Bertram Wolfe, *la Vie fabuleuse de Diego Rivera*, où l'on apprend que ce n'est qu'en 1935, c'est-à-dire treize ans plus tard, qu'Angelina Beloff réussit à aller au pays de ses rêves, poussée par des amis peintres mexicains. Elle ne chercha pas Diego, elle ne voulait pas le déranger. Lorsqu'ils se rencontrèrent à un concert donné à Bellas Artes, Diego passa à côté d'elle, sans même la reconnaître.

LECTURE
DE
CLAUDE FELL

En 1907, à vingt et un ans, Diego Rivera débarque en Europe. Il sait qu'il sera peintre, mais il est également conscient qu'un séjour sur le vieux continent lui ouvrira de nouveaux horizons, qu'il y apprendra son "métier". Après un séjour en Espagne, il se rend à Paris et entreprend de visiter l'Europe. Au cours d'un de ses voyages, il rencontre une jeune femme d'origine russe, un peu plus âgée que lui, Angelina Beloff. Ils se reverront à Paris, chaperonnés par Zadkine, et Rivera fera une cour empressée à cette femme pâle et discrète, au cou gracile et aux grands yeux bleus. Pourtant, Angelina Beloff, malgré l'attrait qu'exerce sur elle ce géant doux et laid, à la barbe hirsute et bouclée, aux paupières tombantes et aux vêtements négligés, reste intraitable, d'autant plus que Rivera doit rentrer au Mexique et qu'elle-même part en 1910 revoir sa famille en Russie.

En mai 1911, après une première exposition de ses œuvres où il a pu vendre quelques toiles, Rivera revient en Europe. Il y restera jusqu'en 1921. En juin, il épouse Angelina. Il peint, elle lui prépare ses couleurs, veille sur ses repas et ses vêtements, mais elle se consacre également à la gravure et on lui reconnaît aujourd'hui un certain talent dans le domaine de l'eau-forte. Après un court voyage de noces en Normandie, Diego et Angelina commencent une longue série de va-et-vient entre la France et l'Espagne, entre Paris, Barcelone, Madrid et les Baléares.

Tout en suivant attentivement les événements qui bouleversent le Mexique – après trente-cinq ans de dictature du général Porfirio Díaz, le pays se lance à corps perdu dans une révolution qui fera un million de morts et qui modifiera profondément ses structures sociales et institutionnelles –, Diego Rivera cherche sa voie, politique et artistique. Sur le plan politique, ses convictions, déjà fortes avant son départ, seront consolidées par une série de discussions avec Lénine et Rosa Luxembourg. Sur le plan artistique, l'évolution sera plus lente et le peintre mexicain, qui travaille sans relâche, scande son parcours de tableaux qui constituent l'archéologie de son œuvre : son cheminement le mènera de Signac et Seurat à Cézanne, du Gréco au cubisme de Braque et de Picasso, dont il s'éloignera après avoir peint plusieurs toiles qui font aujourd'hui autorité, comme le fameux *Paysage zapatiste* de 1917.

Angelina et Diego fréquentent Picasso, Braque, Juan Gris, Foujita. Ce dernier et Modigliani peignent un portrait de Rivera. Grâce à Angelina, Diego se lie d'amitié avec le groupe des émigrés russes de

Paris : Soutine, Chagall, Zadkine, Archipenko. C'est également à cette époque qu'il fait la connaissance d'Ilya Ehrenbourg, ami de toute une vie, qui s'inspirera de la truculence de Rivera pour écrire ses *Aventures extraordinaires de Julio Jurenito*. Si les tableaux cubistes de Rivera obtiennent un succès d'estime au Salon des Indépendants de 1914 – en particulier, *Portrait de deux femmes*, pour lequel Angelina Beloff a posé –, ils ne se vendent pas. Le couple entre dans une période de misère noire, entrecoupée de séjours en Espagne un peu moins éprouvants, comme ces quelques mois passés à Majorque en 1915 que, dans ses Mémoires, Angelina Beloff qualifiera de "paradisiaques". De plus, la mère et la sœur de Diego Rivera, avec lesquelles il ne s'est jamais entendu, débarquent en Europe : elles s'attendaient à trouver un homme riche, elles découvrent un travailleur acharné vivant dans le dénuement le plus complet. C'est Angelina qui fait vivre tout le monde, en donnant des cours de français, de russe, de dessin ; elle sert aussi, à l'occasion, d'arbitre dans les différends familiaux. Grâce à l'aide d'amis, dont l'écrivain Alfonso Reyes, on parviendra tant bien que mal à rapatrier les deux femmes au Mexique.

Au début de 1916, Angelina Beloff découvre qu'elle est enceinte ; son mari peindra d'elle trois superbes portraits, pendant et après sa grossesse, elle accouchera en août d'un fils, Miguel Angel. A cette époque, Diego Rivera, coureur de jupons impénitent, est aux petits soins pour une jeune Caucasienne que

Maxime Gorki avait baptisée Marievna, “la petite princesse de la mer”. “Ils avaient tous les deux le même caractère irascible, infantile, sensible”, écrira d’eux Ilya Ehrenbourg. Angelina, qui n’a aucune envie de s’engluer dans un ménage à trois, s’éloigne. Pendant le terrible hiver de 1917, rendu plus dur encore par la guerre qui fait rage, l’enfant meurt de privations et de froid. Tout en continuant à voir Marievna, dont il aura une fille, Rivera regagne le foyer conjugal ; mais quelque chose s’est définitivement brisé entre Angelina et lui.

Le futur muraliste supporte de plus en plus difficilement l’Europe. Des brouilles homériques l’opposent à Picasso ; une altercation violente, ponctuée de coups, éclate entre Rivera et Pierre Reverdy ; dans la revue *l’Art vivant*, André Salmon insinue que Rivera s’est éloigné du cubisme en raison du succès de Braque et de Picasso : l’article s’intitule “L’affaire Rivera”. Pour le soustraire à cette tempête, Elie Faure emmène le peintre mexicain en Provence ; de là, grâce à une bourse substantielle qui lui a été accordée par José Vasconcelos, alors recteur de l’université de Mexico, Rivera part en Italie où il étudie de très près l’art de la fresque des artistes de la Renaissance. A peine rentré à Paris, il repart, en juillet 1921, pour le Mexique où l’attendent la gloire, une vie politique agitée, des murs à peindre… et des femmes. Angelina Beloff l’accompagne au Havre : “Le bateau partit – note-t-elle dans ses Mémoires – et je restai seule ; je pris le train pour rentrer à Paris et je m'installai dans son appartement, car Diego avait cédé l'atelier à une amie russe."

C'est à partir de cette séparation définitive – Angelina Beloff croisera Diego Rivera en 1935 à Mexico, mais il ne la reconnaîtra pas – que, soixante-sept ans plus tard, Elena Poniatowska prend en quelque sorte le relais de cette histoire d'amour et de misère, de dévouement silencieux et de frasques retentissantes, mais aussi de passion partagée pour le dessin et la peinture, en attribuant à Angelina Beloff une série de lettres qu'elle aurait pu adresser à Diego Rivera, entre octobre 1921 et juillet 1922. Comment vivre dans l'ombre d'un génie tonitruant et égocentrique comme Rivera ? Comment ne pas succomber à son propre "effacement", encore plus paradoxal pour une femme-peintre ? Comment survivre à la solitude, au froid, à la maladie, à la grisaille du ciel parisien, alors que l'homme qu'on aime encore évolue sous celui, "sauvagement bleu", du Mexique ? Comment assumer la mort de son enfant, quand on sait qu'une ancienne maîtresse, à quelques rues de distance, a une fille de celui dont on a partagé la vie, dans des circonstances particulièrement éprouvantes, pendant pratiquement dix ans ? Comment préserver et encourager sa propre créativité ? Toutes ces questions, qu'on trouve habituellement dans les biographies ou les autobiographies des épouses ou des compagnes des hommes célèbres, des "monstres sacrés", Elena Poniatowska les pose, avec pudeur et discrétion, sans grandiloquence ni éclat de voix, avec cette dignité laconique et cette sensibilité réservée qui étaient le propre d'Angelina Beloff, à travers cette correspondance apocryphe.

Mais l'intérêt de ces lettres se situe bien au-delà de ce premier niveau de lecture. Journaliste de talent, pionnière de ce témoignage qui frappe autant par la richesse de son information que par la qualité de son écriture et qu'on appelle au Mexique la "chronique", Elena Poniatowska se bat depuis toujours – en prenant parfois de gros risques, comme en 1968 lorsque la répression faisait rage au Mexique et qu'elle n'a pas hésité à aller interviewer les prisonniers politiques enfermés dans la sinistre prison de Lecumberri – contre le silence et l'oubli, que ce soit après le massacre de la place des Trois-Cultures à Mexico ou, en 1985, après le terrible tremblement de terre qui a détruit une partie de la capitale du Mexique. Influencée par le *new journalism* nord-américain, mais aussi par les méthodes d'enquête de l'anthropologue Oscar Lewis, l'auteur des *Enfants de Sanchez* et de *la Vida*, Elena Poniatowska écoute et retransmet la voix de ceux qui composent ce qu'un poète-anthopologue cubain a appelés les "peuples du silence". Et ces voix sont souvent celles de femmes : une habitante des faubourgs pauvres de Mexico, dans *Vie de Jésusa* (1969), monologue d'une "sacrée chienne, bagarreuse et ivrogne", comme elle se définit elle-même, récit truculent marqué au coin d'un humour féroce et d'une nostalgie attendrissante pour le temps jadis, celui de la jeunesse disparue ; une paraplégique, dans *Gaby Brimmer* (1979), extraordinaire leçon de courage, fraîcheur et originalité d'un regard "handicapé" sur notre monde ; une femme de cœur, photographe de talent, dont la vie croise elle aussi celle de Diego Rivera, Tina Modotti, dans *Tinísima* (1992).

Une parenté étroite existe entre ces œuvres de témoignages et les nouvelles – *Lilus Kikus* (1954), *La Fille du philosophe* (1989) – et les romans – *La "Flor de lis"* (1988) – fortement autobiographiques, d'Elena Poniatowska. On y trouve la même tension entre sensibilité personnelle et marginalisation sociale ou affective, entre la réalité et le rêve, entre l'espérance et les occasions ratées, entre la langue de bois et le langage du cœur.

Cher Diego, Quiela t'embrasse appartient évidemment à la même veine, dans un registre qui est celui de la simplicité d'expression et de l'émotion contenue. Angelina Beloff se débat, en essayant de ne pas trop faire de vagues, au sein d'une série de cercles concentriques. Le premier est celui de la pénurie : certes, Rivera envoie périodiquement des chèques de Mexico, la plupart du temps sans un mot d'accompagnement et parfois en demandant à Angelina – ce qu'elle refuse de faire personnellement : quelques mots suffisent à Elena Poniatowska pour traduire cette dignité blessée – d'aller également porter de l'argent à Marievna Vorobiev Stebelska, sa "rivale" russe ; mais ces sommes sont insuffisantes pour le charbon et les aliments. En contrepoint de cette trinité du dénuement – "pauvreté, froid, solitude" –, sur fond de Paris hivernal en guerre avec ses restrictions de nourriture, les tuyaux qui éclatent, la boue dans les rues, se développe une stratégie de la compensation : rêves de séjour dans un monde d'abondance, de soleil et de douceur ; évocation de la chaleur de la solidarité venue de la communauté russe de Paris, des Noëls orthodoxes avec leurs "gros pains" et leurs œufs durs, de la sollicitude bourrue de Zadkine, qui lui "réapprend" à "mettre le samovar sur le feu" et à faire du thé. "Je me languis de repas russes", note-t-elle, tout en se sentant envahie par "un sentiment très pur d'exaltation religieuse".

Le second cercle est celui de l'absence et du silence : le désarroi affectif depuis le départ de son mari et la mort de leur enfant, reconstituée en détail de façon obsessionnelle. Son amour frustré s'exhale comme une plainte et la mène parfois au bord de la syncope, dans la rue, appuyée à un mur, sous l'œil soupçonneux des agents de police. Elle a besoin que quelqu'un "ait besoin" d'elle. Mais Elena Poniatowska donne une profondeur nouvelle à ce pathétique du "manque" en soulignant, au détour d'une phrase, que le regard d'Angelina a changé : jadis, tout était prétexte à esquisse, à dessin, à interprétation plastique, "le tournoiement d'une jupe sur le trottoir, les mains rugueuses d'un ouvrier mangeant non loin de moi, le pain, la bouteille de vin, les reflets auburn de la chevelure d'une femme, les feuilles, les ramages du premier arbre". Désormais, les "modèles" ou les "natures mortes" sont devenus des êtres de chair et de sang ; un enfant ne peut plus être un sujet de croquis, il est une question, une inquiétude sur sa santé, “son goûter”, le contenu de son cartable. “La vie nous coûte très cher, Diego, elle nous diminue dans ce que nous croyons être notre seule source de vitalité, notre métier.” Le malheur l’a atteinte dans ses “facultés créatrices”.

Le troisième cercle concerne précisément les affres de la création, qu’elle concilie difficilement avec le dénuement matériel et affectif de son existence. Mais l’Angelina Beloff de *Cher Diego, Quiela t’embrasse* est dans la lignée des femmes auxquelles s’intéresse Elena Poniatowska qui, rappelons-le, a longtemps fait partie du comité de rédaction d’une des principales revues féministes du Mexique et d’Amérique latine, la revue *Fem*. Démunie, traumatisée, blessée dans son amour de femme et de mère, discrète et effacée, Angelina n’est pas une résignée, une victime consentante, une pleureuse pantelante. Elle remercie ses parents de l’avoir orientée vers la vie active et de l’avoir poussée à acquérir un métier : des revues la sollicitent pour des gravures et des illustrations. Lors d’une visite au Louvre, puis à la galerie Vollard où se tient une exposition Cézanne, un déclic se produit : elle découvre que l’absence de Diego Rivera lui permet de “sentir” par elle-même, elle n’est plus à quêter et à guetter les “explications” de son compagnon. Et ces “révélations” confirment sa conviction qu’elle possède du talent. Du coup, le contact se rétablit avec Rivera, non pas à travers ces lettres auxquelles, d’ailleurs, il ne répond pas, mais à travers une sorte de connivence, d’osmose créatrice.

Comme lui, elle se sent "possédée" ; comme lui, elle a l'impression que, dans la fièvre de dessiner et de peindre, son corps se dilate, déborde de la pièce exiguë où elle travaille, s'étend sur la ville environnante. Bien sûr, de temps à autre, elle flanche : "Sans toi, je me sens fragile jusque dans mon travail" ; mais elle se reprend et une colère sourde gronde en elle : "Je ne veux pas, aujourd'hui, être douce, tranquille, décente, soumise, compréhensive, résignée, ces qualités que les amis louent tellement. Je ne veux pas non plus être maternelle."

Enfin, le dernier cercle, celui qui est le plus proche de la locutrice, concerne le bilan de sa cohabitation avec l'homme qu'Alfredo Cardona Peña a métaphoriquement dénommé "le monstre". A ce propos, Elena Poniatowska, née en France mais se sentant profondément mexicaine, a "retourné" la problématique initiale : quand le "sauvage" – comme l'ont appelé certains critiques français – a quitté l'Europe où il était venu apprendre, c'est tout un faisceau de légendes, toute une "mythologie", une façon aussi d'inventer la langue et de lui "tordre le cou" qui ont disparu : "Nous ne savons plus regarder la vie avec cette gourmandise, avec cette révolte fougueuse, avec cette colère tropicale ; nous sommes plus indirects, plus inhibés, plus sournois." Quand celui à qui un jour les gens de Tolède avaient lancé des pierres parce qu'on le soupçonnait de se nourrir d'os de petits enfants, quand le "cannibale", comme l'appelait Picasso, est reparti, l'hiver parisien s'est fait plus glacial encore.

TABLE

Ouvrage réalisé
par l'atelier graphique Actes Sud.
Reproduit et achevé d'imprimer
en octobre 2010
par Normandie Roto Impression s.a.s.
61250 Lonrai
sur papier fabriqué à partir de bois provenant
de forêts gérées durablement (www.fsc.org)
pour le compte des éditions
Actes Sud
Le Méjan
Place Nina-Berberova
13200 Arles.

N° d'éditeur : 1340
Dépôt légal
1re édition : mars 1993
2e édition : mai 2005
3e édition : novembre 2010
N° impression : 103709
(Imprimé en France)